Impressum
Verlag: BABADADA GmbH, Nedderfeld 112 , 22529 Hamburg
Geschäftsführer / Verlagsleitung: Harald Hof
Druck: Books on Demand GmbH, In de Tarpen 42, 22848 Norderstedt

Imprint
Publisher: BABADADA GmbH, Nedderfeld 112 , 22529 Hamburg, Germany
Managing Director / Publishing direction: Harald Hof
Print: Books on Demand GmbH, In de Tarpen 42, 22848 Norderstedt

shule
duɗal

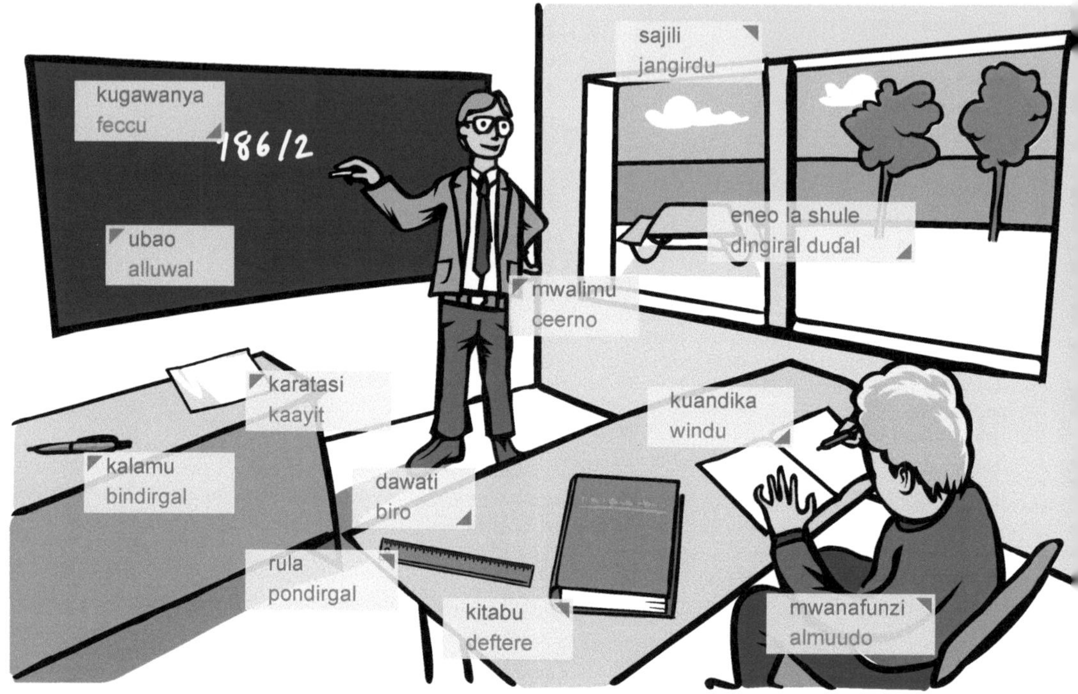
sajili
jangirdu
kugawanya
feccu
186/2
eneo la shule
dingiral duɗal
ubao
alluwal
mwalimu
ceerno
karatasi
kaayit
kuandika
windu
kalamu
bindirgal
dawati
biro
rula
pondirgal
kitabu
deftere
mwanafunzi
almuudo

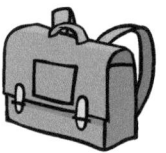

mkoba
sakosel

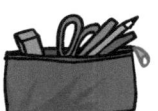

kikasha cha penseli
suudu kuɗol

penseli
kuɗol

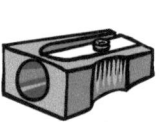

kichonga penseli
ceeɓnoowo kuɗol

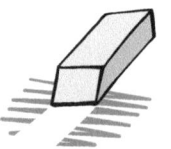

mpira
momtirgal

pedi ya kuchora
nokku diidirɗo

uchoraji

diidgol

brashi ya rangi

diidirgal

sanduku la rangi

suudu diidordu

mkasi

sisooje

gundi

kol

daftari

deftere softinorde

kazi ya nyumbani

coftinogol

nambari

tongoode

jumlisha

ɓeydu

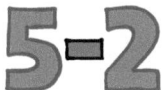

ondoa

ustu

zidisha

hebbin

kokotoa

lim

barua

bataake

alfabeti

hijju

neno

kongol

shule - duɗal

maandishi

windande

kusoma

jangu

chaki

bindirgal

somo

darsu

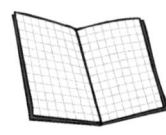

sajili

windaade

uchunguzi

ÿeewtogol

cheti

ijaazi

sare za shule

wutte jaŋirɗo

elimu

jaŋde

elezo

ɗowitorde mawnde

chuo kikuu

jaaɓi haatirde

darubini

mokoroskop

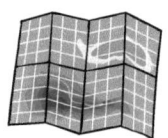

ramani

wertaango

kikapu cha kuweka karatasi chafu

siwo mbalis

hoteli
otel

Grand

hosteli
hodîrdu

ROOMS

ofisi ya ubadilishanaji
nokku beccirɗo

EXCHANGE

sanduku
woliis

gari
oto

lugha

ɗemngal

ndiyo / la

ey / ala

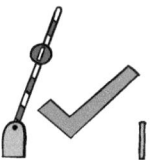

sawa

Eyyo

hujambo

mbaɗɗa

mtafsiri

pirtoowo

Asante

jaraama

kiasi gani ni ...?

hono foti...?

Sielewi

mi faamaani

tatizo

satteende

Jioni njema!

jam hiiri

Habari za asubuhi!

jam waali

Usiku mwema!

jam waal

kwa heri

baay baay

mwelekeo

ngardiindi

mizigo

kaake

mfuko

saak

shanta

saak bakke

mgeni

koɗo

chumba

suudu

begi la kulalia

saak ɗaanorɗo

hema

taanta

taarifa ya utalii

kabaaru jillotooɗo

ufuo

palaaz

kadi

kartal keredii

kifunguakinywa

kasitaari

chakula cha mchana

bottaari

chakula cha jioni

hiraande

tiketi

tikkett

kuinua

suutde

muhuri

tembere

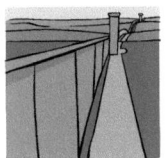

mpaka

keerol

mila

soodooɓe

ubalozi

ambasaat

visa

wiisa

pasipoti

paaspoor

usafiri
yangarta

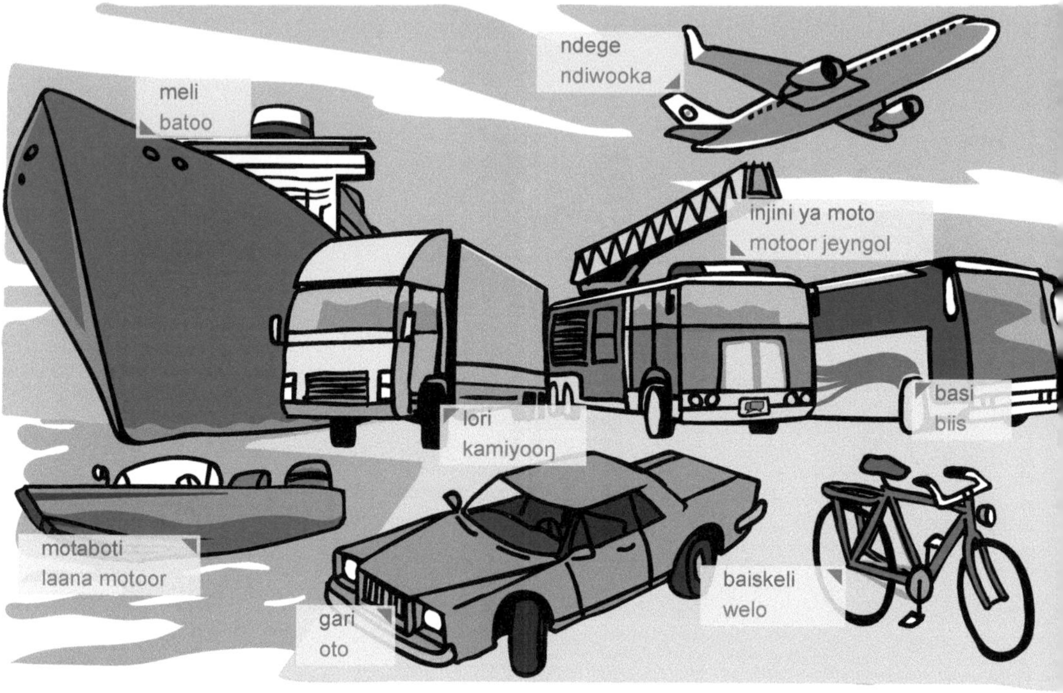
ndege
ndiwooka
meli
batoo
injini ya moto
motoor jeyngol
lori
kamiyooŋ
basi
biis
motaboti
laana motoor
baiskeli
welo
gari
oto

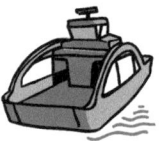

feri
baak

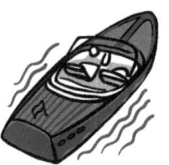

mashua
laana

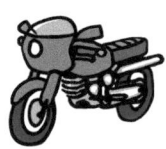

pikipiki
welo motoor

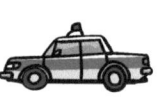

gari la polisi
oto poliis

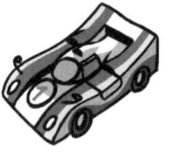

gari la mashindano
oto dandu

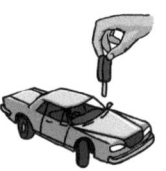

gari la kukodisha
otoluwaaɗo

kushiriki gari

rendude oto

lori la kuvuta

leŋge

ukusanyaji taka

kamiyooŋ salo

motor

moto

mafuta

gaas

kituo cha mafuta

esaaseer

ishara trafiki

maantorde tali

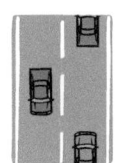

trafiki

tali

msongamano

bittugol tali

maegesho

darnirde oto

kituo cha treni

dartorde teree

reli

laabi

garimoshi

teree

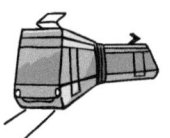

tremu

taraam

gari la mizigo

nawgol

helikopta
elikooteer

uwanja wa ndege
aydapoor

mnara
hubeere

abiria
jahoowo

chombo
kontaneer

katoni
kees

mkokoteni
saret

kikapu
siwo

ondoka
diw / tello

jiji

wuro

kijiji
saare

katikati ya jiji
hakkunde wuro

nyumba
galle

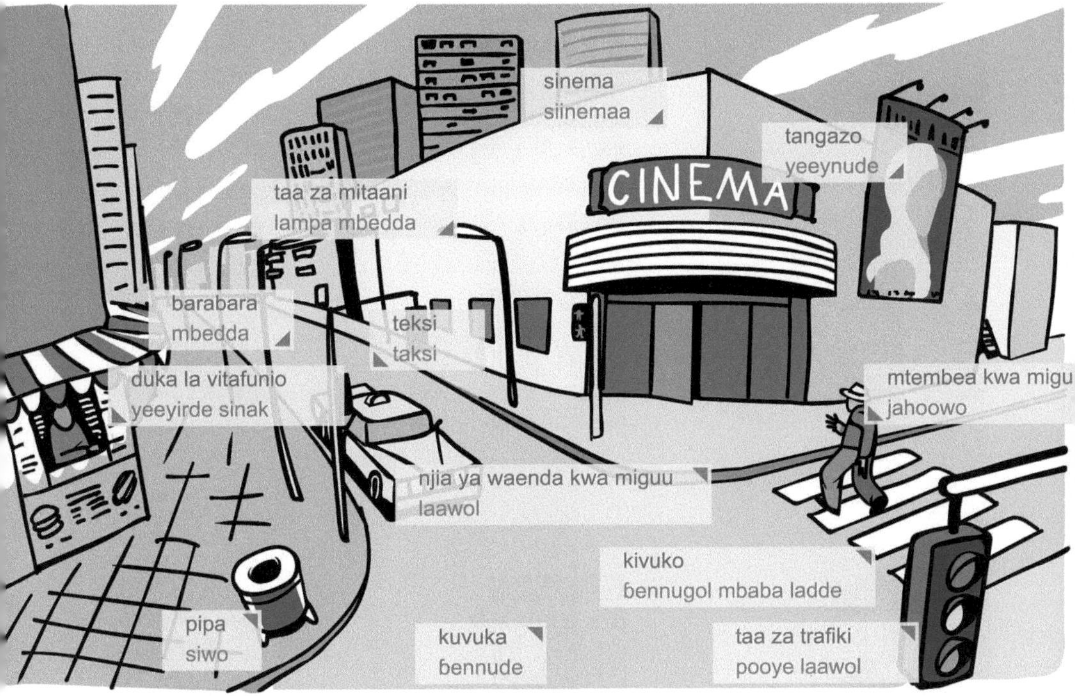
sinema
siinemaa
CINEMA
tangazo
yeeynude
taa za mitaani
lampa mbedda
barabara
mbedda
teksi
taksi
duka la vitafunio
yeeyirde sinak
mtembea kwa migu
jahoowo
njia ya waenda kwa miguu
laawol
kivuko
ɓennugol mbaba ladde
pipa
siwo
kuvuka
ɓennude
taa za trafiki
pooye laawol

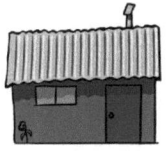

kibanda

tiba

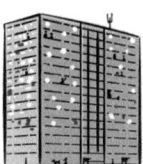

gorofa

hoɗorde

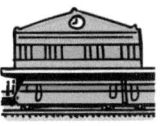

kituo cha treni

dartorde teree

ukumbi wa mji

meeri

MUSEUM

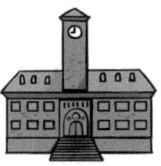

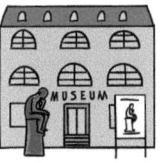

Makavazi

miise

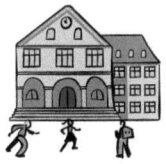

shule

duɗal

chuo kikuu

jaaɓi haatirde

benki

baŋke

hospitali

safrirdu

hoteli

otel

duka la dawa

farmasii

ofisi

gollorde

duka la kitabu

yeeyirde defte

duka

yeeyirde

duka la maua

mo nehoowo leɗɗe

dukakuu

duggere

soko

jeere

idara ya kuhifadhi

yeeyirde diiwaan

mwuza samaki

mo gawoowo

kituo cha ununuzi

nokku njeeygu

bandari

telloorde

Hifadhi

parka

benki

joodorde

daraja

pooŋ

vidato

ŋabbirɗe

chini ya ardhi

les leydi

handaki

laawol les

kituo cha mabasi

dartorde biis

bar

baar

mgahawa

restoraaŋ

sanduku la posta

suudu posto

ishara ya barabara

maantorde mbedda

mita ya maegesho

meetorde parka

bustani ya wanyama

nehirde kulle

kidimbwi cha kuogelea

pisiin

msikiti

jumaa

shamba
ngesa

uchafuzi
bonande

makaburini
genaale

kanisa
ekiliis

uwanja wa michezo
dingiral

hekalu
tempele

mazingira

satto

jani
ɗerewol

ishara ya mwelekeo
maantogal

njia
laawol

malisho
paraad

jiwe
haayre

mtembeaji wa masafa
diwoowo

mti
lekki

mto
caangol

nyasi
huɗo

ua
baramlefol

bonde
fongo

kilima
tiwaande

ziwa
weendu

msitu
dundu

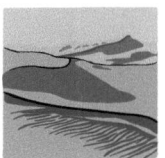

jangwa
ladde

volkano
wolkaaŋ

ngome
hoɗorde

upinde wa mvua
timtimol

uyoga
wiiduru gaynaako

mtende
lekki koko

mbu
ɓongu

kuruka
diw

chungu
ñuuñu

nyuki
ñaaku

buibui
njabala

mende

karaab

chura

paaɓa

kuchakuro

jiire

nungunungu

nguru paaɓa

sungura

wojere

bundi

hooweere

ndege

ndiwri

swan

kankaleewal

nguruwe mwitu

fowru

kulungu

lella

aina ya kongoni

kooba

bwawa

baaraas

tabo ya upepo

seɗa hendu

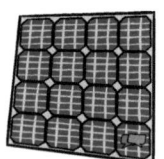

nishaji ya jua

mbeɗu naange

hali ya hewa

kilimaaŋ

mgahawa
restoraaŋ

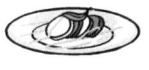

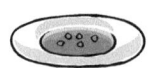

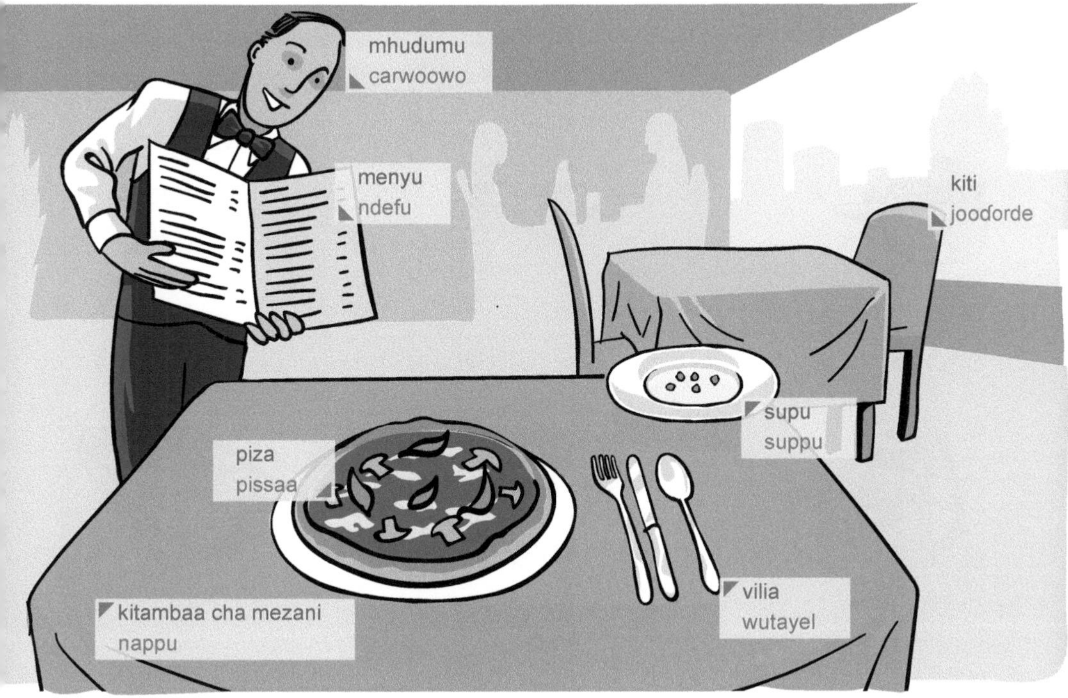
mhudumu
carwoowo
menyu
ndefu
kiti
jooɗorde
supu
suppu
piza
pissaa
vilia
wutayel
kitambaa cha mezani
nappu

kiamsha hamu

puɗɗorɗo

kozi kuu

barme mawɗo

kitindamlo

deseer

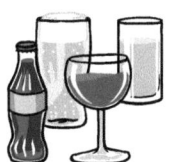

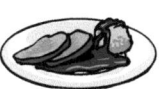

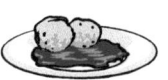

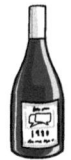

vinywaji

njarameeje

chakula

ñamri

chupa

bitel

chakula cha haraka

fastfuut

Streetfood

ñaamde mbedda

buli

pot ataaya

kisanduku cha sukari

taasa suukara

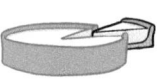

sehemu

geɗal

mashine ya espresso

masiŋ esperesoo

kiti kirefu

jooɗorde toownde

muswada

faktiir

trei

terey

kisu

paaka

uma

fursett

kijiko

kuddu

kijiko cha chai

kuddu ataaya

nepi

torsooŋ

glasi

weer

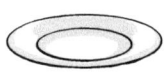

sahani

palaat

sahani ya supu

palaat suppu

sufuria

coosoowo

mchuzi

soos

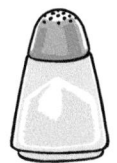

kichanyaji chumvi

pot lamɗam

kinu cha pilipili

poobaar

siki

wineegar

mafuta

diwliin

viungo

kaaniije

kechapu

ketsoop

haradali

mutaarde

kachumbari nzito

maynees

dukakuu

duggere

ofa maalum
dokkal teentungal
FOR
mteja
coodoowo
maziwa
deftel
matunda
ɓingel leggal
toroli
saret

BUTCHERS

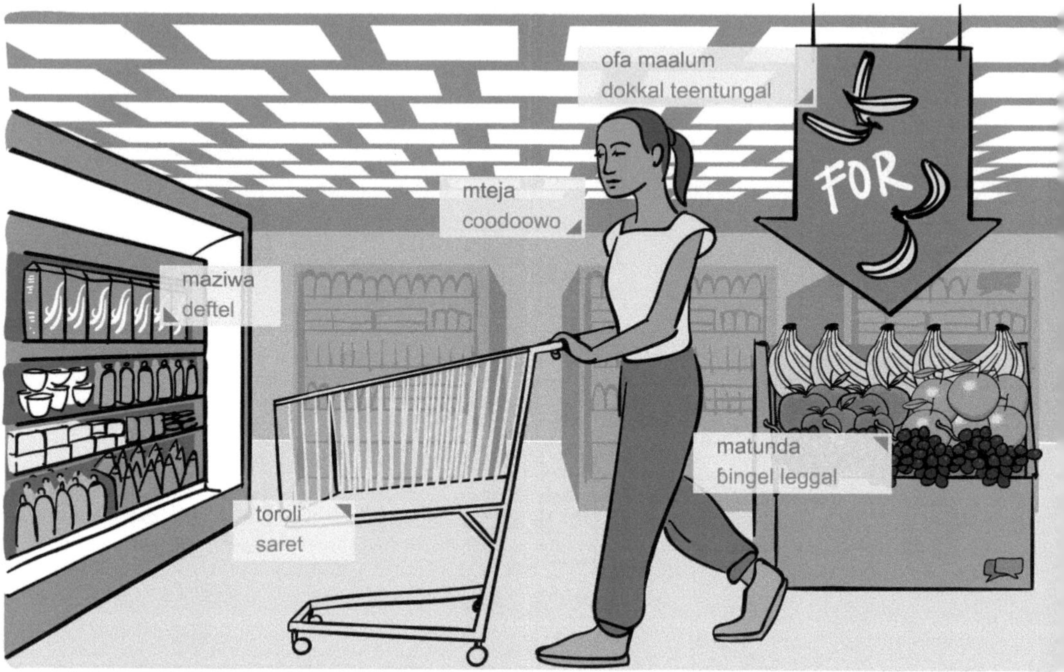

mchinjaji

mo jeeyoowo teewu

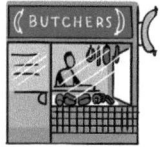

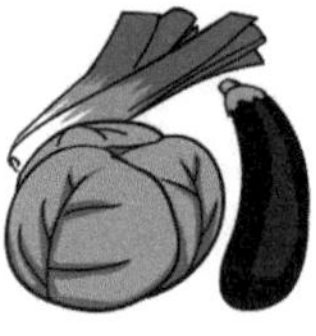

BAKERY

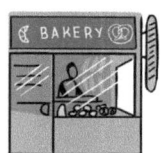

mwokaji

mo piyoowo mburu

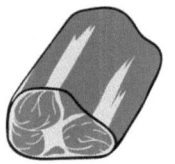

uzito

ɓett

mboga

ɓiɓe leɗɗe

nyama

teewu

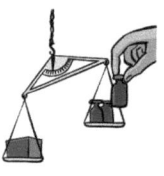

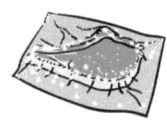

chakula waliohifadhiwa

ñamri fendiindi

vipande vya nyama baridi
teewu buuɓngu

chakula cha kopo
ñamri

sabuni ya unga
omo

pipi
tangaleeji

bidhaa za kaya
geɗe galle

bidhaa za kusafisha
geɗe laɓbinooje

mtu mauzo
jeeyoowo

mpaka
hippoode

keshia
ngaluyanke

orodha ya manunuzi
limo soodetee

masaa ya ufunguzi
waktuuji gudditeeɗi

mkoba
kalbe

kadi
kartal keredii

mfuko
saak

mfuko wa plastiki
saak dalli

maji

ndiyam

sharubati

sii

maziwa

kosam

coke

Koowk

mvinyo

sangara

bia

sangara

pombe

alkol

kakao

koka

chai

ataaya

kahawa

kafe

spreso

esperesoo

kapuchino

kaputsiino

ndizi

banaana

tufaha

pomere

machungwa

oraaŋs

tikiti

dende

lemon

limoŋ

karoti

karott

kitunguu saumu

laac

mianzi

bambuu

kitunguu

soblere

uyoga

wiiduru gaynako

karanga

gerte

nudo

kodde

spageti

espaketii

mpunga

maaro

saladi

solaat

vibanzi

sipse

viazi vya kukaanga

padaas pasnaaɗo

piza

pissaa

hambaga

amburgoor

sandwichi

sandiis

kipande

tayre

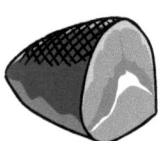

paja la mnyama

heltinde

salami

salaami

soseji

soosiis

kuku

gertogal

choma

juɗe

samaki

liingu

oats ya uji
karaw

muesli
miyesli

cornflakes
butaali makka

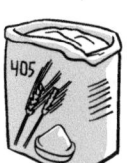

unga
cafka

kroisanti
koraasaŋ

andazi
loocol mburu

mkate
mburu

mkate wa kubanika
mburu

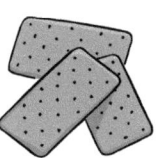

biskuti
mbiskit

siagi
boor

maziwa mgando
caakri

keki
ngato

yai
boofoode

yai kukaanga
bofoode defaaɗo

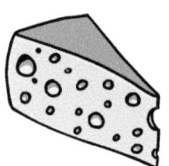

jibini
formaas

aiskrimu

kerem galaas

sukari

suukara

asali

njuumri

jemu

piire

kuenea kwa chokoleti

soosde sokola

mchuzi wa viungo

kiri

chakula - ñamri

shamba
ngesa

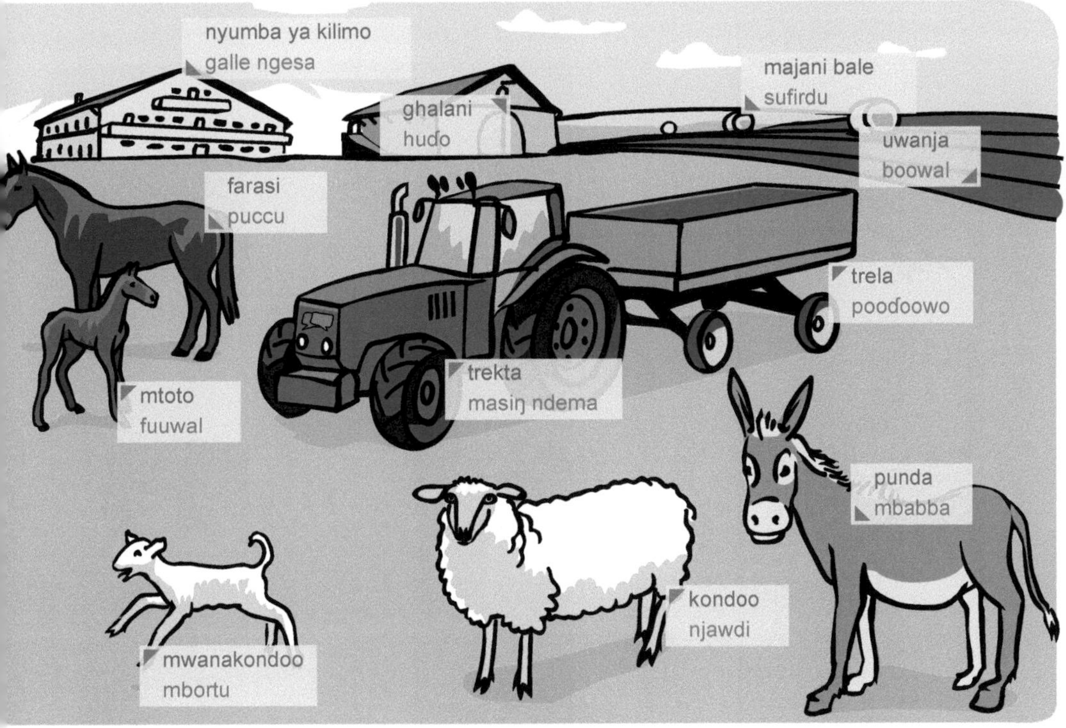

nyumba ya kilimo
galle ngesa
ghalani
huɗo
majani bale
sufirdu
uwanja
boowal
farasi
puccu
trela
pooɗoowo
trekta
masiŋ ndema
mtoto
fuuwal
punda
mbabba
kondoo
njawdi
mwanakondoo
mbortu

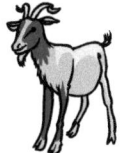

mbuzi

ndamndi

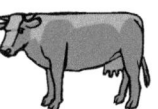

ng'ombe

ngaari

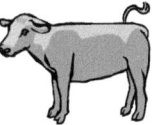

ndama

ñale

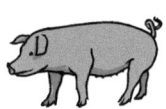

nguruwe

mbaba tugal

mwananguruwe

ɓingel tugal

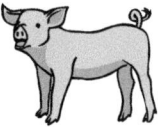

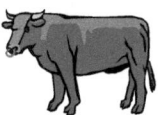

fahali

ngaari

batabukini

jaawalal

bata

jaawangal

kifaranga

gertogal

kuku

jarlal

jogoo

ngori

panya

doombru

paka

ulluundu

panya

dombru

ng'ombe

ngaari

mbwa

rawaandu

nyumba ya mbwa

suudu rawaandu

bomba la bustani

lekki werte

debe la kumwagilia maji

bitel ndiyam

fyekeo

jalo

kulima

jabbude

mundu

wafdu

jembe

caga

uma wa nyasi

furset yettirɗo

shoka

jambere

toroli

burwett

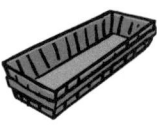

kupitia nyimbo

jardugal

chombo cha maziwa

bitel kosam

gunia

bonnude

ua

heerorde

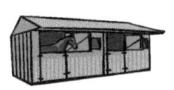

imara

dari

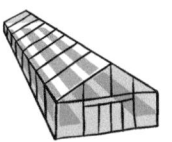

chafu

resofmaaŋ

udongo

leydi

mbegu

aawdi

mbolea

engere

kivunaji

rendin coñoowo

mavuno

soñ

mavuno

coñal

viazi vikuu

ñambi

ngano

ndiyamiri

soya

soozaa

viazi

padaas

mahindi

makka

rapa

aawdi adan

mti wa matunda

lekki ɓesnooki

muhogo

kasaawa

nafaka

gawri

nyumba
galle

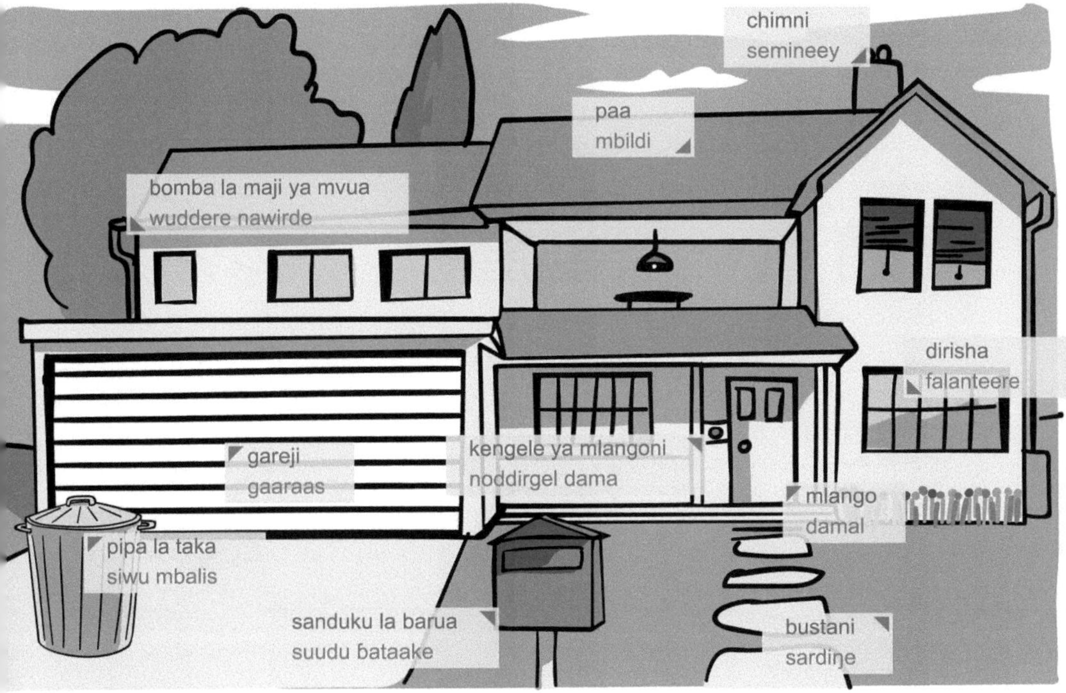

chimni
semineey
paa
mbildi
bomba la maji ya mvua
wuddere nawirde
dirisha
falanteere
gareji
gaaraas
kengele ya mlangoni
noddirgel dama
mlango
damal
pipa la taka
siwu mbalis
sanduku la barua
suudu ɓataake
bustani
sardiŋe

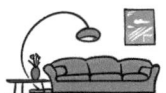

sebuleni

saal

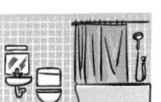

bafu

lootorde

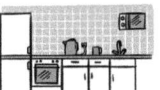

jikoni

waañ

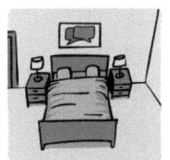

chumba cha kulala

suudu lelteendu

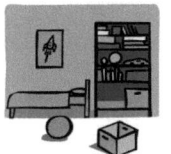

chumba ya mtoto

suudu suka

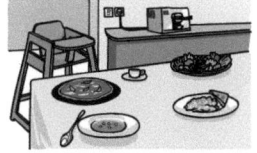

chumba cha kulia

suudu hirtordu

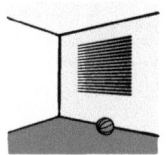

sakafu
leydi

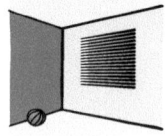

ukuta
miir

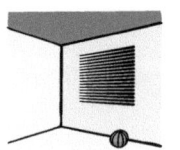

dari
dira

pishi
masiŋel

sauna
soona

roshani
balkooŋ

mtaro
teeraas

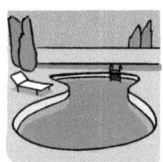

kidimbwi
pisin

mashine ya kukata nyasi
tondoos

karatasi
kaayit

kitambaa cha kupamba
kitanda
mbertanteeri

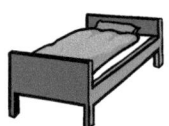

kitanda
lelnde

ufagio
pittirɗe

ndoo
siwoo

kubadili
waylu

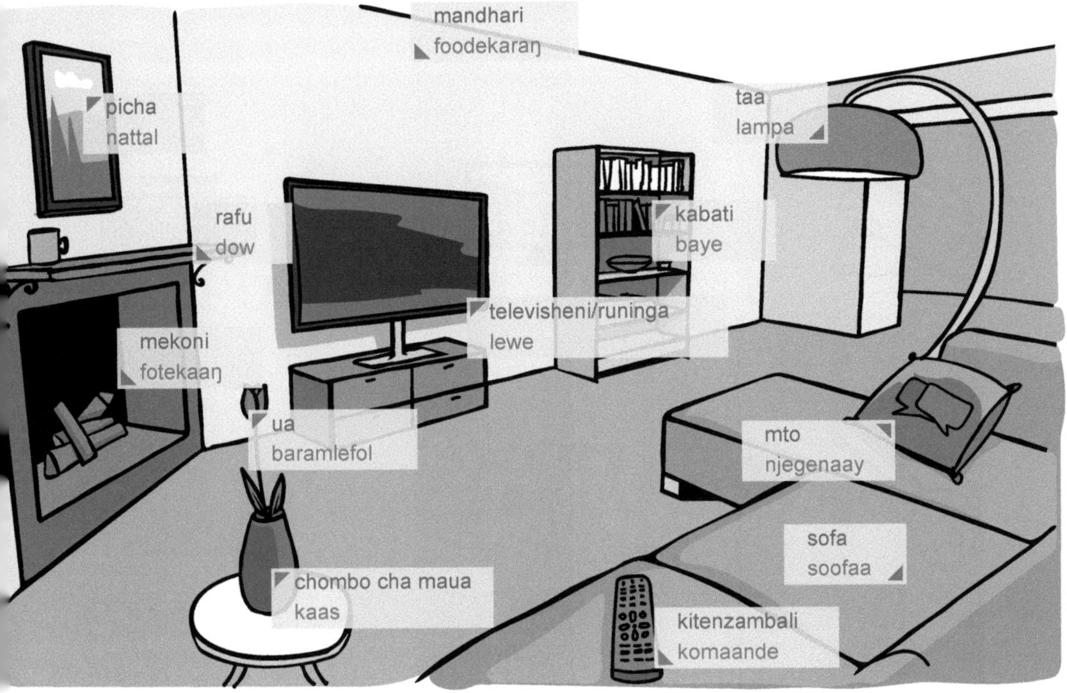

mandhari
foodekaraŋ

picha
nattal

taa
lampa

rafu
dow

kabati
baye

televisheni/runinga
lewe

mekoni
fotekaaŋ

ua
baramlefol

mto
njegenaay

sofa
soofaa

chombo cha maua
kaas

kitenzambali
komaande

zulia
tappi

pazia
rido

meza
taabal

kiti
jooɗorde

kiti cha bembea
jooɗorde timmunde

armchair
tuggorde

kitabu

deftere

blanketi

suddaare

mapambo

cinki

kuni

docotal

filamu

filmo

kifaa cha hi-fi

kuutorde hi-fi

ufunguo

caabi

gazeti

jaaynde

uchoraji

pentiirde

bango

posteer

redio

haalirde

daftari

deftel mooftirgel

kifyonza

ŋabbude

dungusi kakati

siwo lekki

mshumaa

sondel

jikoni
waañ

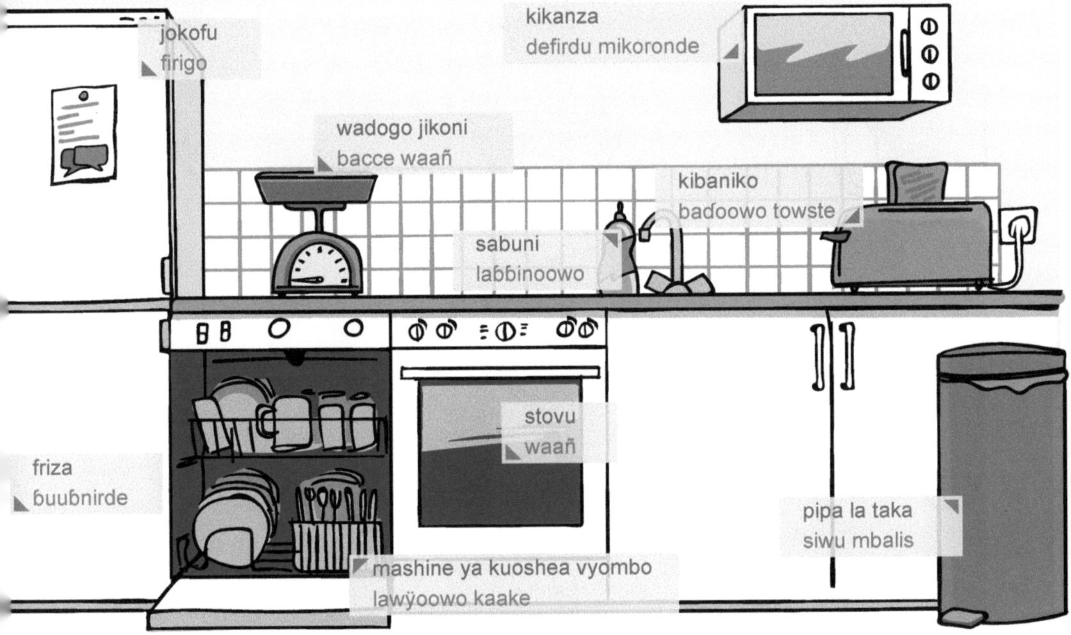

jokofu
firigo
kikanza
defirdu mikoronde
wadogo jikoni
bacce waañ
kibaniko
baɗoowo towste
sabuni
labbinoowo
stovu
waañ
friza
ɓuuɓnirde
pipa la taka
siwu mbalis
mashine ya kuoshea vyombo
lawÿoowo kaake

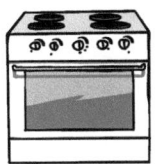

jiko la kupika

defoowo

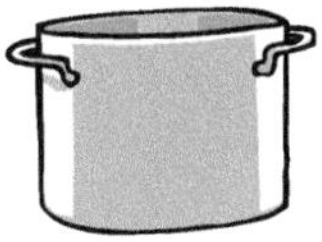

chungu

pot

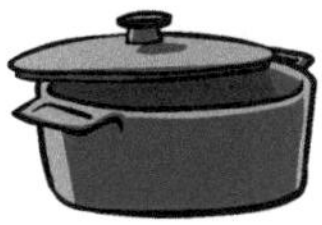

sufuria ya chuma

pot baɗɗo njamdi

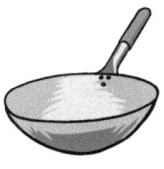

wok / kadai

lehel

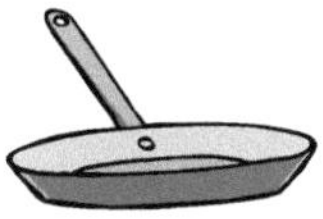

kaango

lahal

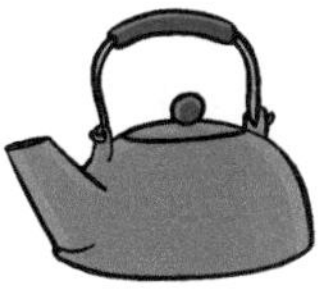

birika

baraade

stima

gulnoowo

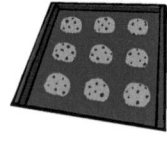

sinia ya kuoka

fuur cumirɗo

vyombo vya udongo

wiisirde

kombe

kaas

bakuli

taasa

vijiti vya kulia

bakett

ukawa

heɗirde

mwiko mpana

kuundal

burashi

burgal

kichujio

gulnirɗo

chujio

pool

mbuzi

koosoowo

chokaa

wowru

barbeque

njuɗu

moto wazi

lewlewndu

ubao wa majaribio

alluwal tayirgal

kijiti cha kusukuma unga

dullirgal

kizibuo

tenaay

kopo

potyel

inaweza kopo

udditirɗo potyel

kishikio cha chungu

jaggoowo pot

karo

lawÿirde

brashi

borisde

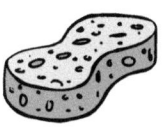

sifongo

epoos

kisagaji matunda

jiiɓoowo

friji ya kina

firigo juutɗo

chupa ya mtoto

bitel tiggu

bomba

robine

bafu

lootorde

joto
wulnude
mfereji wa kuogea
ɓuftogol
taulo
sarbet
pazia la kuogea
rido ɓuftorde
maji ya kuoga yenye povu
sumbu lootorɗo
hodhi
nokku lootorɗo
glasi
weer
mashine ya kuosha
masiŋ guppirɗo
bomba
robine
vigae
biifi
poti
woppirde
karo
lawŷirde

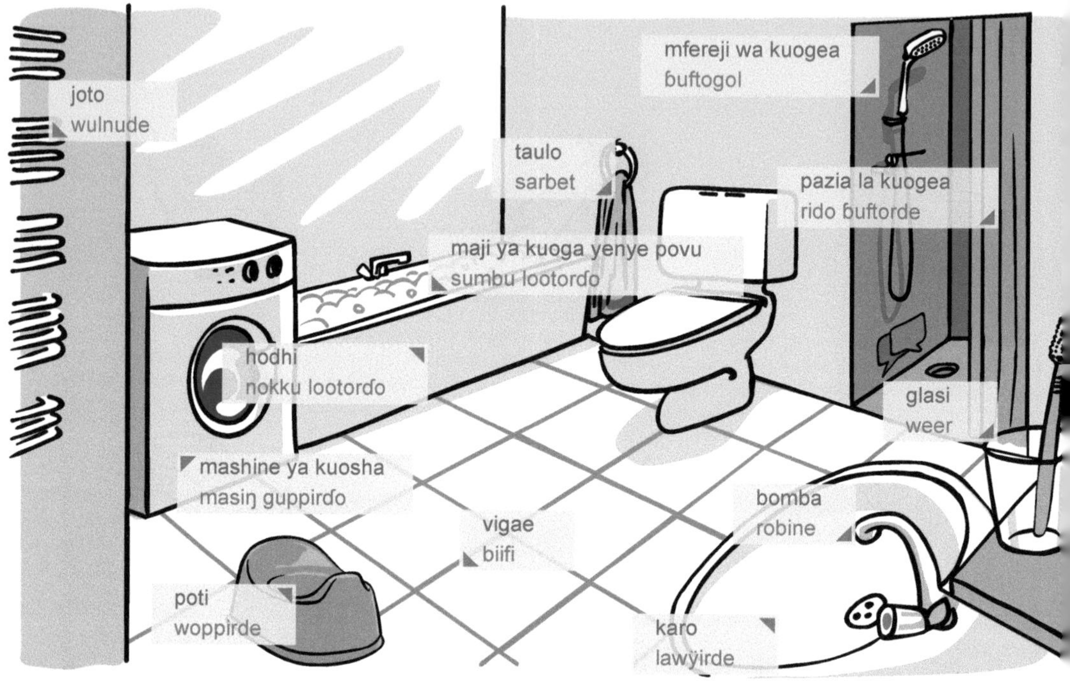

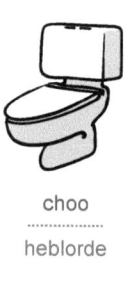

choo
heblorde

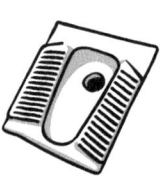

choo cha squat
yaltirde les

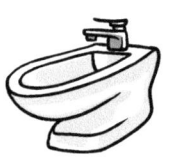

beseni la mviringo
yaltirde

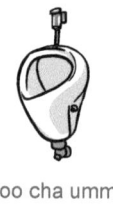

choo cha umma
soofirde

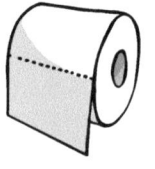

shashi
kaayit heblorde

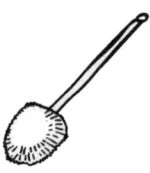

brashi ya choo
boros heblorde

mswaki

boros ñiiÿe

dawa ya meno

pat cocorɗo

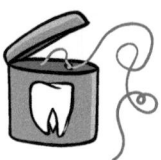

dawa ya meno

cocorgal

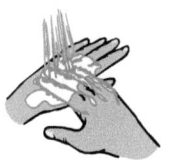

safisha

lawyu

kuoga mkono

ɓuftorde jungo

msukumo wa maji

jampe

bonde

taasa

mpako wa pili

boros keeci

sabuni

saabunde

jeli ya kuogea

nebam ɓuftorde

shampuu

sampoye

flana

lootogel

toa maji

yupude

krimu

mileen

kiondoa harufu

lati

kioo
daarogal

kioo mkono
daarogal jungo

kinyozi
rasuwaar

povu la kunyoa
sumbu pemborɗo

baada ya kunyoa
lallitirde

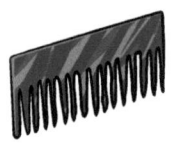

kichana
koomu

brashi
boros

kikausha nywele
yoorno hoore

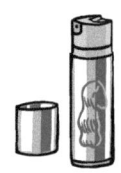

marashi ya nyewele
uurna hoore

vipodozi
makiyaas

kidomwa
lippo

varnish ya msumari
emaaye segene

pamba
wiro

mkasi wa kucha
sisooje segene

manukato
parfooŋ

mkoba wa kuosha

saawdu lawyirdu

kinyesi

kuudi

mizani

bacce ɓetirde

nguo ya kuoga

wutte lootorɗo

glavu za mpira

kawaseeje dalli

kisodo

tampooŋ

sodo

sarbet laɓɓinoorɗo

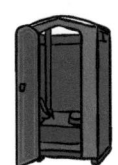

kemikali choo

lootogol cellungol

chumba ya mtoto

suudu suka

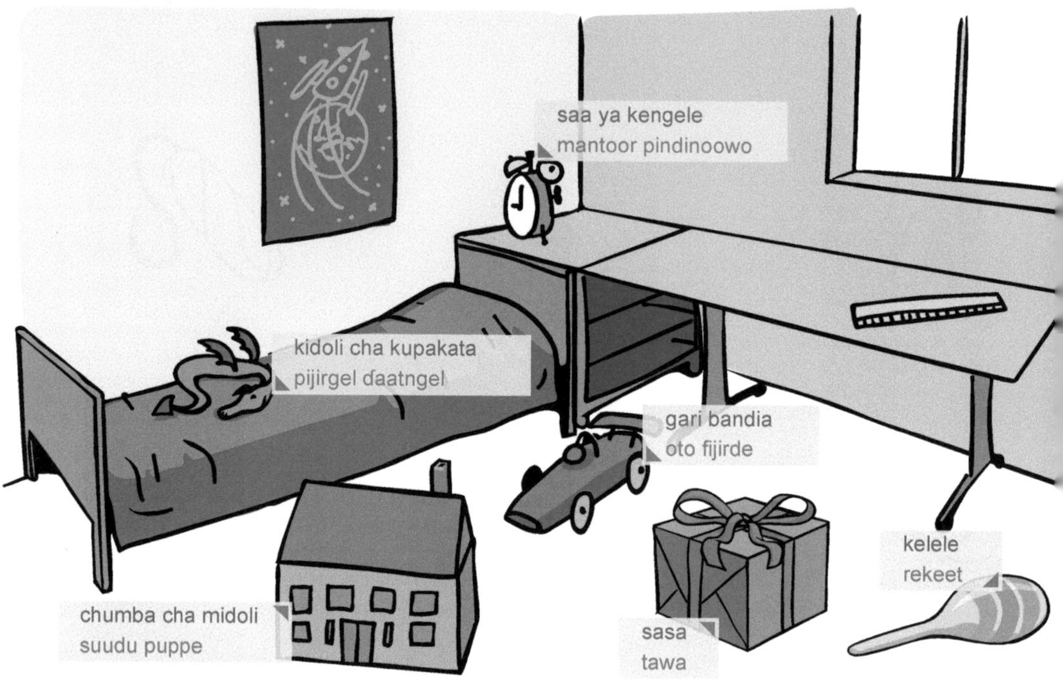

saa ya kengele
mantoor pindinoowo
kidoli cha kupakata
pijirgel ɗaatngel
gari bandia
oto fijirde
kelele
rekeet
chumba cha midoli
suudu puppe
sasa
tawa

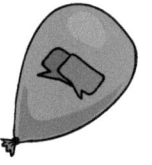

baluni

baloon

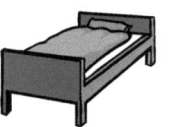

kitanda

lelnde

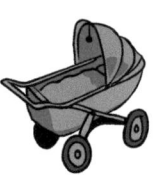

mashua

puus puus

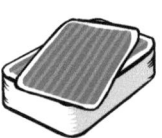

staha ya kadi

taabal karte

mchezo-fumb

juwirgal

SUPER MEGA

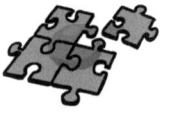

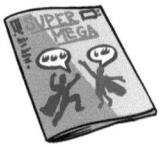

vichekesho

jalnii

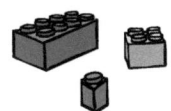

matofali lego
....
tuufeeje lego

vitalu mwigo
....
kaaÿe maadi

hatua takwimu
....
pijirgel suka

suti ya kulalia
....
wutte suka

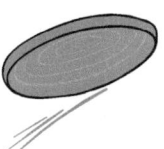

kisahani
....
mbiifu

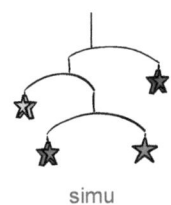

simu
....
noddirgel

ubao wa michezo
....
fijirde alluwal

kete
....
dee

garimoshi mwigo
....
tereŋ jahiroowo batiri

dummy
....
ɗaayɗo

chama
....
hiirde

picha kitabu
....
deftere natte

mpira
....
bal

kikaragosi
....
puppe

kucheza
....
fij

chumba ya mtoto - suudu suka

shimo la mchanga

ngaska leydi

bembea

yirlude

vitu bandia

pijirɗe

kiweko cha video ya mchezo

fijirde widoo peley

baiskeli ya magurudumu

biifi tati

matatu

mwanasesere

uluundu pijirgel

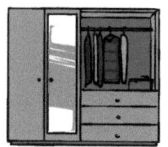

kabati

woliis

nguo

boornogol

soksi

kawaseeje

stokingi

baardinirɗi

kibano

dogirɗi

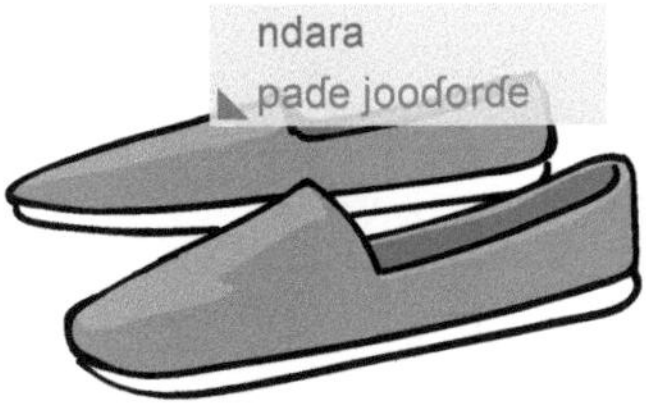

skafu
muurnorde

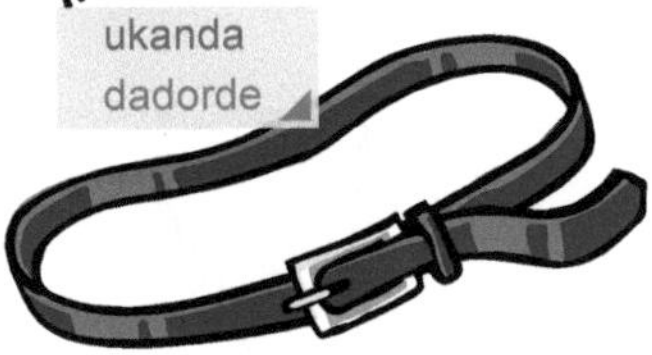

mwavuli
paraseewal

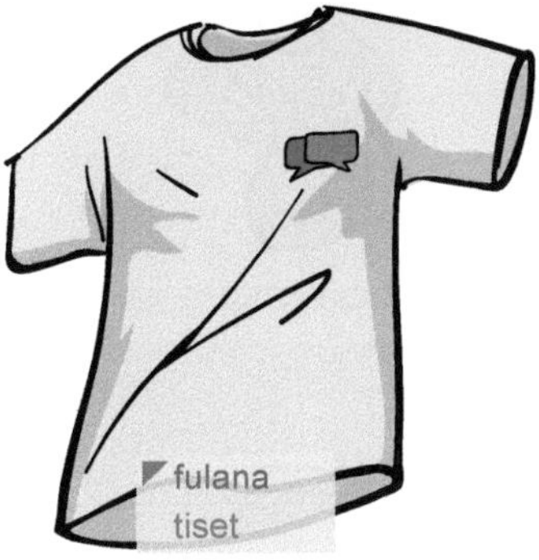

fulana
tiset

ukanda
dadorde

viatu
bataaje

ndara
pade joodorde

wakufunzi
dogirde

malapa
caraax

viatu
pade

mabuti ya mpira
bataaje dalli

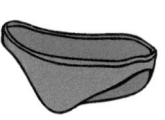

suruali ya ndani
cakkirdi

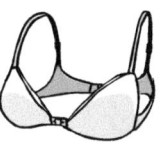

sidiria
site ŋoos

fulana
weste

mwili
....
bandu

suruali
....
tuuba

dangirizi
....
jiin

sketi
....
sippu

blauzi
....
buluus

shati
....
wuttel

vuta
....
piliweer

sweta
....
njallaaba

bleza
....
balaseer suka

jaketi
....
jakett

koti
....
sabandoor

koti la mvua
....
wutte toɓo

maleba
....
kossim

gauni
....
robbo

mavazi ya harusi
....
wutte cuddungu

suti
cakkirɗo

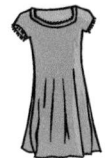

vazi la usiku
robbo baalduɗo

pajama
baaluɗi

sari
sari

skafu
fiilorde

kilemba
kaala

burka
misoor

kaftan
haftan

abaya
abaaye

vazi la kuogelea
lumborɗo

vazi la kiume la kuogelea
leɗɗe

kaptura
kilooti

teitei
dewirɗi

aproni
aparooŋ

glavu
kawase

kifungo

nebbu

glasi

lone

bangili

jawo

mkufu

cakka

pete

feggere

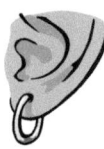

herini

hootonde

kofia

laafa

kiango cha koti

jaggirgal sabandoor

kofia

kufna

tai

karwaat

zipu

korsude

kofia

tengaade

kanda za suruali

jawe

sare za shule

wutte jaɲirɗo

sare

dadorɗo

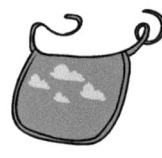

bibu

nappu suka

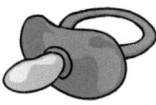

dummy

ɗaayɗo

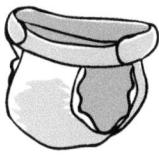

nepi

fooftini

ofisi

gollorde

seva
carwoowo
kabati la kuweka faili
nokku bindirɗo
kichapishaji
jaltinoowo
karatasi
kaayit
kiwambo
peewnoowo
kipanya
doomburu
dawati
biro
folda
suudu
kibodi
bindirgal
cha kuweka karatasi chafu
nbalis
kompyuta
ordinateer
kiti
jooɗorde

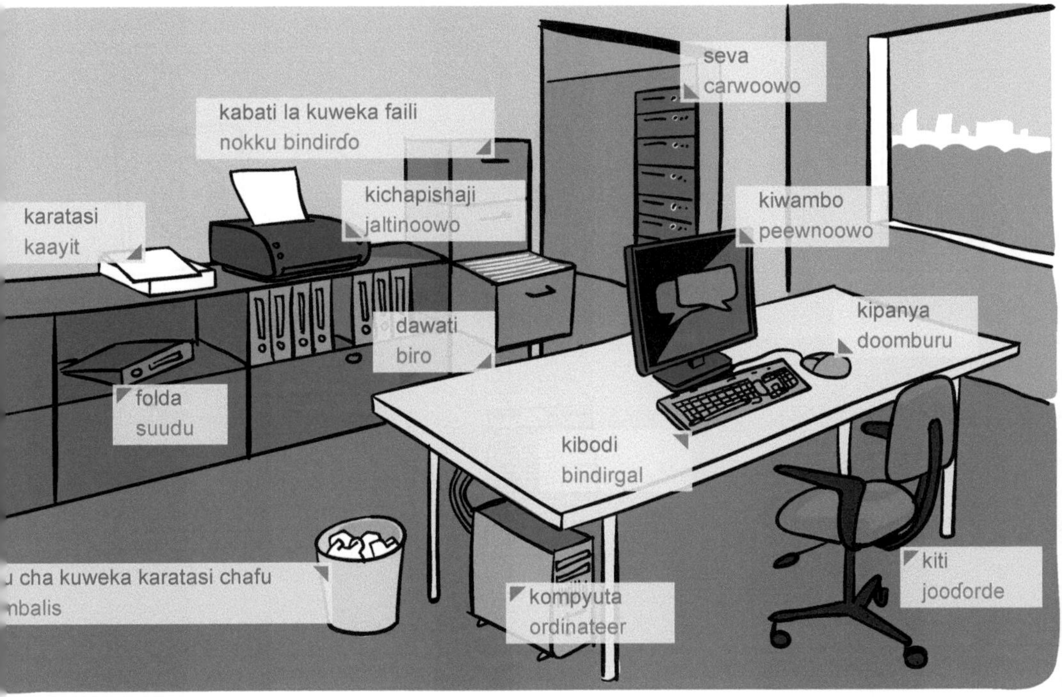

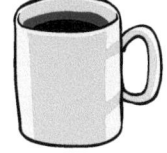

kmobe la kahawa

koppu kafe

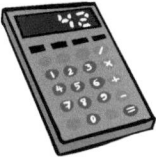

kikokotoo

tongirde

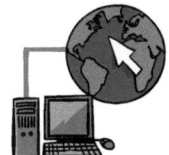

biashara

enternet

mbali
ordinateer

barua
bataake kaayit

ujumbe
bataake

rununu
noddirgel

intaneti
jokkondiral

fotokopia
nandinoowo

programu
kuutorgel

simu
noddirgel

soketi
piriis

kipepesi
masiŋ faksii

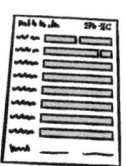

fomu
sifaa

hati
kaayit

kununua

sood

kulipa

yob

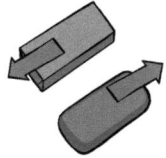

biashara

yeey

fedha

kaalis

dola

dolaar

yuro

oro

yeni

yeen

rouble

ruubal

faranga ya Uswisi

siiwis farayse

renminbi yuan

yuwaan renminbi

rupia

ruppii

eneo la kulipia

nokku ngalu

ofisi ya ubadilishanaji

nokku beccirɗo

dhahabu

kaŋe

fedha

kaalis

mafuta

peteroŋ

nishati

doole

bei

coggu

mkataba

jokkondiral

kodi

lempo

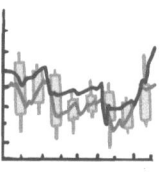

bidhaa

jeyii

kazi

liggo

mfanyakazi

liggotooɗo

mwajiri

ligginoowo

kiwanda

isin

duka

yeeyirde

kazi
golle

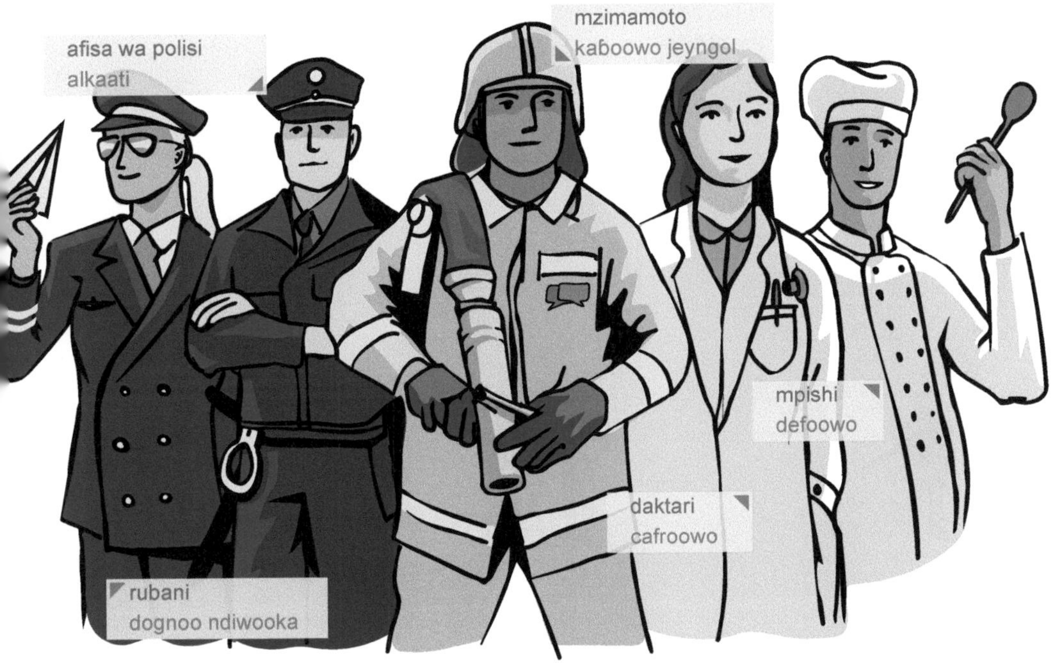
afisa wa polisi
alkaati
mzimamoto
kaboowo jeyngol
mpishi
defoowo
daktari
cafroowo
rubani
dognoo ndiwooka

mtunza bustani

mooftoowo

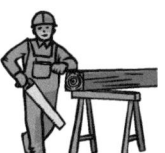

seremala

meniise

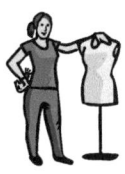

mshonaji

gawoowo debbo

hakimu

ñaawoowo

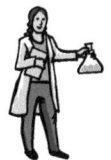

mwanakemia

simiyanke

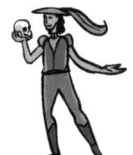

muigizaji

aktoor

dereva wa basi

diirnoowo biis

dereva wa teksi

diirnoowo taksi

mvuvi

gawoowo

mwanamke wa kusafisha

debbo pittoowo

mwezekaji

biloowo

mhudumu

carwoowo

mwindaji

baañoowo

mchoraji

diidoowo

mwokaji

piyoo mburu

umeme

peewnoo jeyngol

mjenzi

mahoowo

mhandisi

eseñoor

mchinjaji

buusee

fundi bomba

polombiyee

mwanaposta

neɗɗo posto

mwanajeshi
soldaat

msanifu majengo
arsitekte

keshia
ngaluyanke

muuza maua
ledɗeyanke

msusi
mooroowo

kondakta
diirnoowo

mekanika
peenoowo jamɗe

nahodha
gardiiɗo

daktari wa meno
safroowo ñiiÿe

mwanasayansi
gando

rabbi
babbiin

imamu
almaami

mtawa
muwaan

kasisi
neɗɗo alla

zana
kuutorɗe

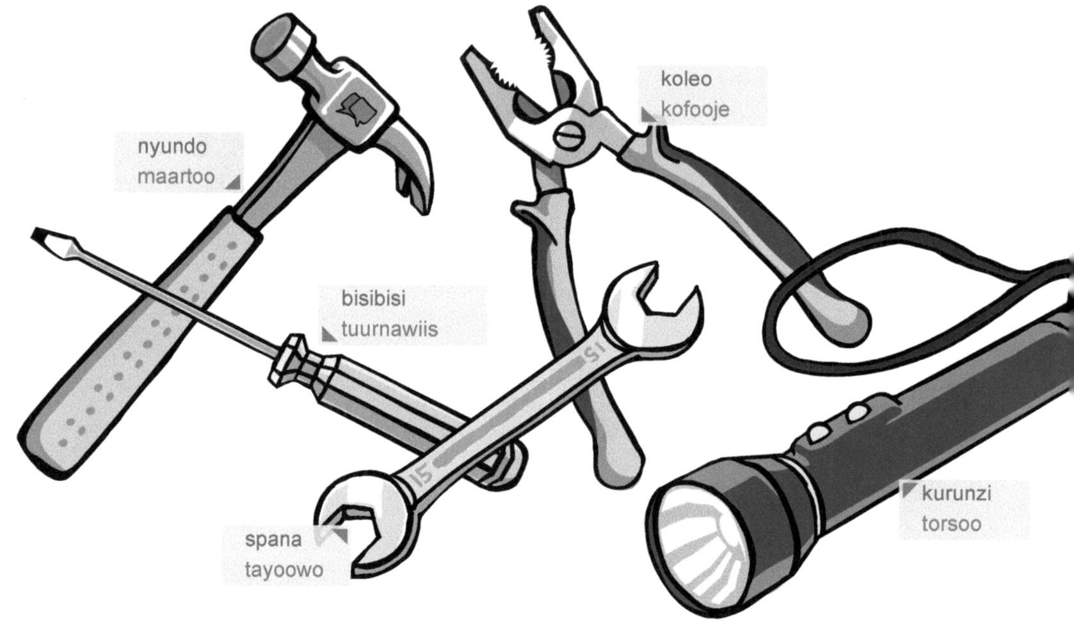
nyundo
maartoo
koleo
kofooje
bisibisi
tuurnawiis
kurunzi
torsoo
spana
tayoowo

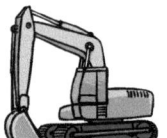

mchimbaji
ngasirdi

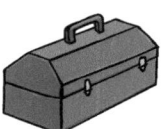

sanduku la vifaa
suudu kuutorɗe

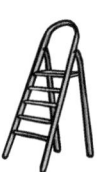

ngazi
seel

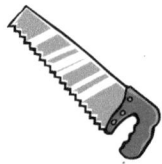

msumeno
siiy

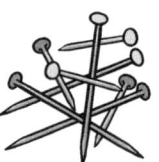

misumari
pontooje

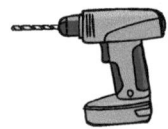

kuchimba visima
yuwirde

kukarabati
feewnit

sepetu
nokkirde

Lo!
sooot

kishikio cha uchafu
peel

chungu cha rangi
pot diidirɗo

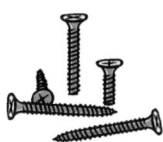

skurubu
wiisuuji

ala za muziki
pijirɗe

mpangilio wa ngoma
buuba

spika
nikoro

besi mara mbili
dubal baas

tarumbeta
allaadu

gita
gitaar

piano

piyaano

fidla

ñaañooru

ubeji

baas

timpani

timpaan

ngoma

bawɗi

kibodi

bindirgal

saksafoni

saksofooŋ

filimbi

coolumbel

maikrofoni

haaldude

bustani ya wanyama

nehirde kulle

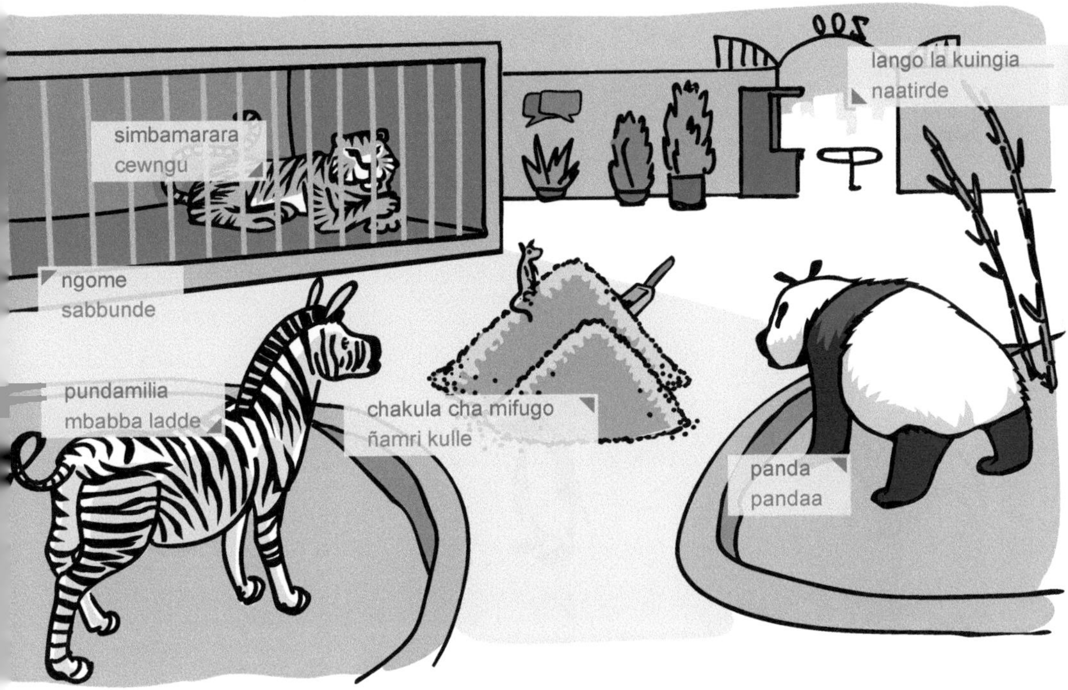

simbamarara
cewngu
lango la kuingia
naatirde
ngome
sabbunde
pundamilia
mbabba ladde
chakula cha mifugo
ñamri kulle
panda
pandaa

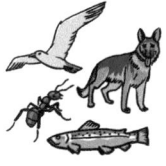

wanyama

kulle

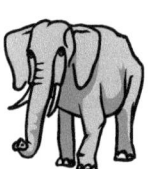

tembo

ñiiwa

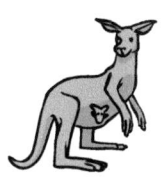

kangaruu

kanguruu

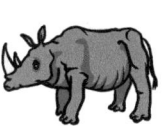

kifaru

liwoongu

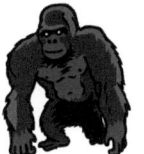

sokwe

waandu

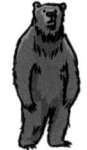

dubu

fowru

ngamia

ngelooba

mbuni

jaawagal

simba

mbaroodi

tumbili

golo

heroe

ñaarpural

kasuku

seku

dubu

fowru nees

penguini

peŋwee

papa

reke

tausi

ngoriyal

nyoka

mboddi

mamba

nooro

mtunza wanyama

deenoowo kulle

muhuri

liingu

jaguar

cewngu

mwanafarasi

molel puccu

chui

cewlu

kiboko

ngabu

twiga

ñamala

tai

ciilal

nguruwe mwitu

fowru

samaki

liingu

kobe

heende

sili

morsee

mbweha

daga

paa

lella

soka ya marekani
fugu koyngel Amarik

uendeshaji baiskeli
welo

tenisi
teniis

mpira wa kikapu
basket

kuogelea
lumbaade

ndondi
bokse

magongo ya barafuni
okey e galaas

soka
fugu koyngel

vinyoya
badminton

riadha
dogduuji

mpira wa mikono
fugu jungo

skii
eskiiy

polo
polo

shughuli
golle

cheka
jal

kuruka
diw

kumbatia
uurno

kutembea
yah

kuimba
yim

ota ndoto
hoyɗu

kuomba
juul

busu
ɓuuco

kuandika

windu

kuteka

diid

angalia

hollu

sukuma

duñ

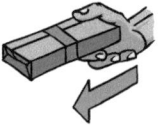

kutoa

rokku

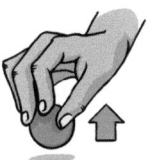

kuchukua

naw

kuwa

jogo

fanya

waɗ

kuwa

won

kusimama

daro

kukimbia

dog

vuta

ittu

kutupa

weddo

kuanguka

yan

hadaa

fen

kusubiri

fad

kubeba

naw

kukaa

jooɗo

vaa nguo

ɓoorno

usingizi

ɗaano

kuamka

finn

kuangalia

ndaar

lia

woy

kiharusi

fiiy

chana nywele

koomu

ongea

haal

kuelewa

faam

kuuliza

naamdo

kusikiliza

hetto

kunywa

yar

kula

ñaam

nadhifisha

habbu

upendo

yiɗ

mpishi

def

gari

diirnu

kuruka

diw

meli

awyu

kokotoa

lim

kusoma

jangu

kujifunza

jangu

kazi

liggo

kuoa

res

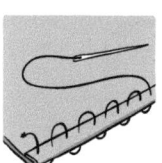

kushona

aaw

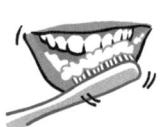

piga mswaki

boris ñiïÿe

kuua

war

moshi

simmo

kutuma

neldu

raaɗo debbo

babu
taaniraaɗo gorko

baba
baaba

mama
yumma

mtoto
tiggu

binti
biɗɗo debbo

bin
biɗɗo gorko

mgeni

koɗo

shangazi

gogo

mjomba

kaawiraaɗo

kaka

mawniraaɗo gorko

dada

mawniraaɗo debbo

mwili

ɓandu

paji la uso
tiinde
jicho
yitere
bega
walabo
kidole
feɗeendu
uso
yeeso
kidevu
waare
mkono
jungo
mguu
korlal
matiti
endu
mkono
jungo

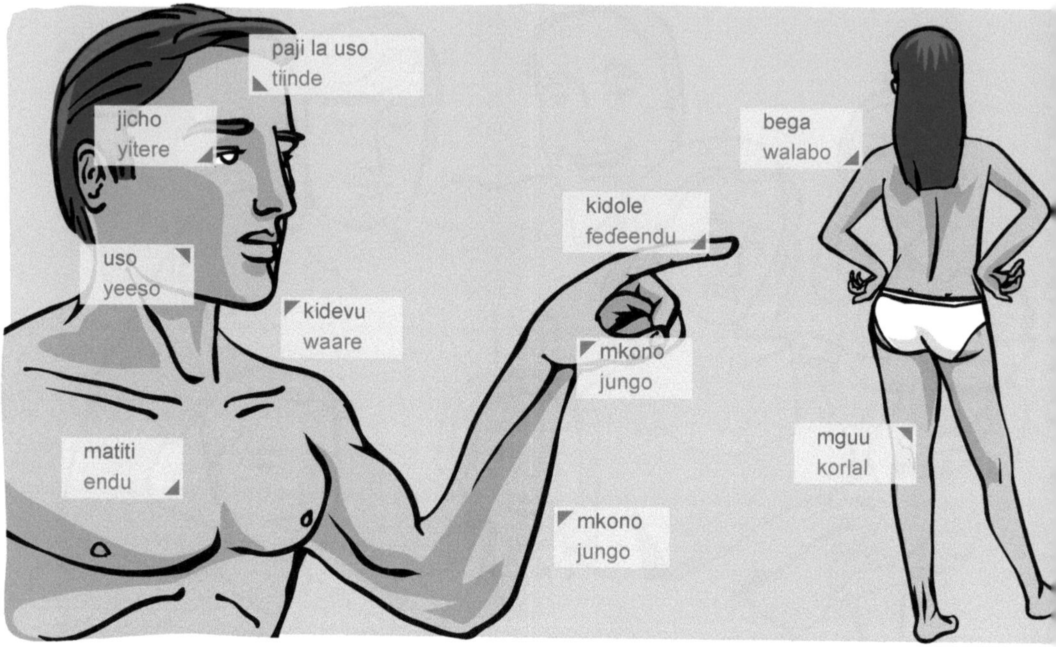

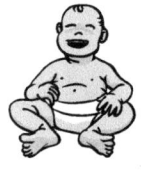

mtoto

tiggu

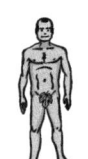

mwanamume

gorko

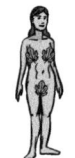

mwanamke

debbo

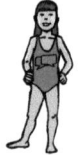

msichana

debbo

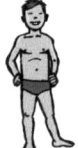

mvulana

gorko

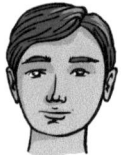

kichwa

hoore

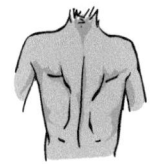

nyuma

keeci

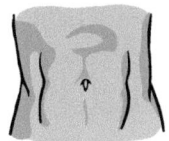

tumbo

reedu

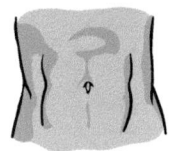

kitovu

wudduru

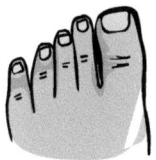

chano

feɗeendu

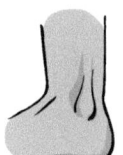

kisigino

njaaɓordi

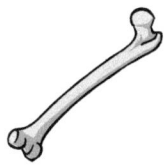

mfupa

ÿiyal

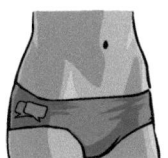

nyonga

buhal

goti

hofru

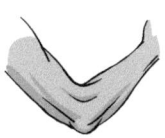

kiwiko

fooŋturu

pua

hinere

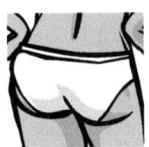

chini

gaɗa

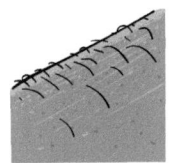

ngozi

nguru

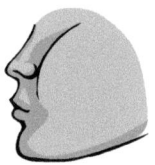

shavu

aɓɓuko

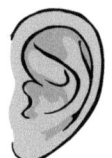

sikio

nofru

mdomo

tondu

mwili - ɓandu

69

kinywa
hunuko

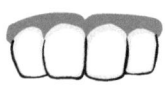

jino
ñiire

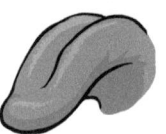

ulimi
ɗemngal

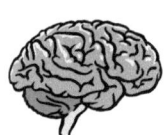

ubongo
ngaandi

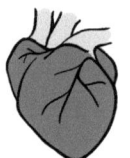

moyo
ɓernde

misuli
ŷiye

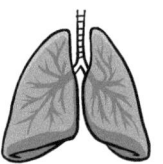

pafu
jofe

ini
heeñere

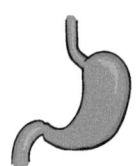

tumbo
kuuse

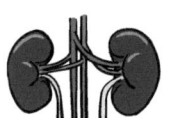

figo
booŷe

jinsia
leldaade

kondomu
kawasal

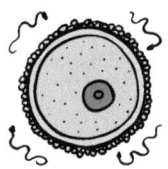

ovari
ɓoccoonde

shahawa
maniiyu

mimba
cowagol

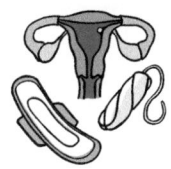

hedhi

ella

uke

kottu

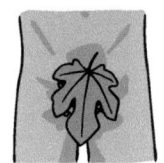

uume

soolde

unyusi

leebol yitere

nywele

sukundu

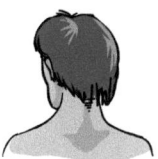

shingo

daande

hospitali
safrirdu

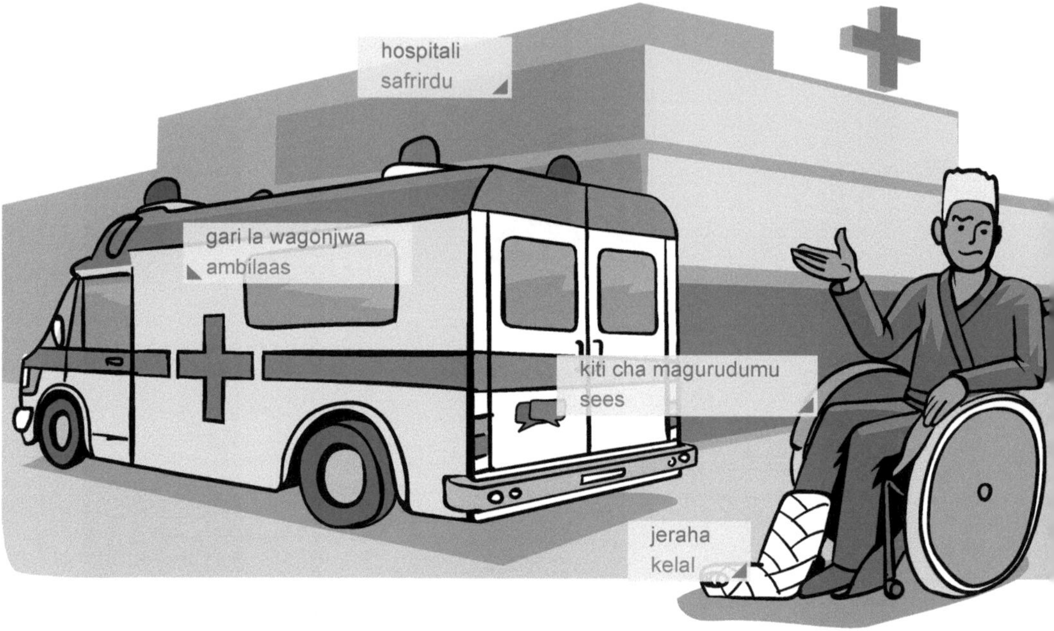

hospitali
safrirdu
gari la wagonjwa
ambilaas
kiti cha magurudumu
sees
jeraha
kelal

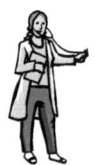

daktari

cafroowo

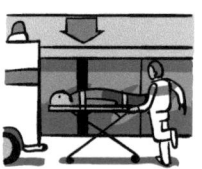

chumba cha dharura

suudu heñaare

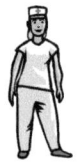

muuguzi

debbo cafroowo

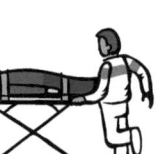

dharura

heñorde

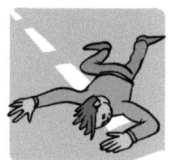

kupoteza fahamu

wondaane hakkile

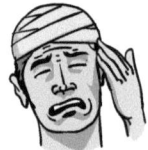

maumivu

muuseeki

kuumia

gaañande

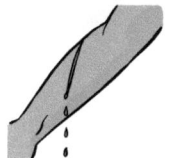

kutokwa na damu

tuɗde ÿiiÿam

mshtuko wa moyo

muuseeki ɓernde

kiharusi

piigol

mzio

nefo

kikohozi

ɗojjude

homa

ɓandu wulooru

mafua

pali

kuharisha

ndogu reedu

maumivu ya kichwa

hoore muusoore

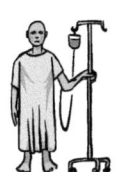

kansa

kaaseer

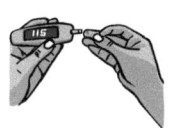

ugonjwa wa kisukari

jabett

daktari mpasuaji

oppiroowo

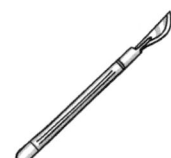

kisu kidogo cha kupasulia

jaggirdi

operesheni

oppeere

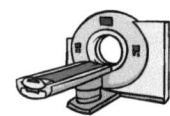

picha changanufu ya mwili

CT

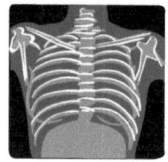

Eksrei

buuɗi x

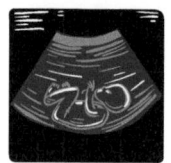

mawimbi sauti

iltarasooŋ

barakoa ya uso

huurirdu yeeso

ugonjwa

rafi

chumba cha kusubiri

heblorde

mkongojo

beeke

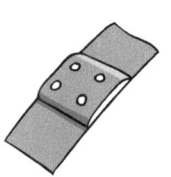

plasta

tabak

bendeji

bandaas

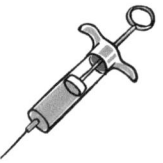

sindano

pinggu

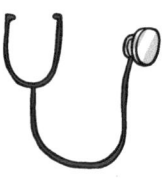

stetoskopu

estetoskop

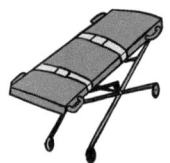

machela

pooɗoowo

kipimajoto cha kliniki

termomeeter safrirdu

kuzaliwa

jibinande

unene kupita kiasi

ɓuttiɗgol

kusikia misaada

ballal nanirɗe

kipukusi

labbinoowo

maambukizi

raabo

virusi

wiriis

VVU / UKIMWI

SIDAA

dawa

lekki

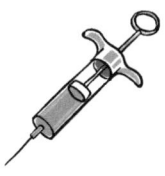

chanjo

ñakko

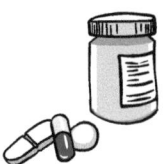

vidonge

poɗɗe

kidonge

foɗɗere

simu ya dharura

noddaango heñiingo

haemodainamometa

ÿeewtorde yaadu ÿiiyam

mgonjwa / mwenye afya

faawŋi / selli

Msaada!

Ballal

kengele

pindinoowo

pigo

njangu

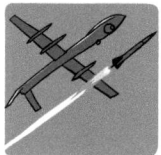

shambulizi

raaŋande

hatari

boomre

lango la dharura

yaltirde yaawnde

Moto!

Jeyngol

kizima moto

ñifoowo jeyngol

ajali

aksida

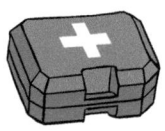

vifaa vya huduma ya
kwanza

saawdu safaara gadano

wito wa msaada

SOS

polisi

poliis

Ulaya

Orop

Amerika ya Kaskazini

Amarik Rewo

Amerika ya Kusini

Amarik Worgo

Afrika

Afirik

Asia

Aasi

Australia

Ostaraali

Atlantiki

Atalantik

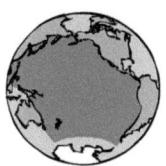

Pasifiki

Pasifik

Bahari ya Hindi

Maayo Endo

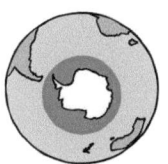

Bahari ya Antaktiki

Maayo Antarkatik

Bahari ya Aktiki

Maayo Arkatik

Ncha ya Kaskazini

Baŋe Rewo

Ncha ya Kusini

Baŋe Worgo

Antaktika

Antarkatik

dunia

Leydi

nchi

leydi

bahari

maayo

kisiwa

siire

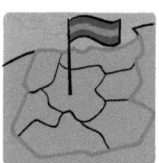

taifa

wuro

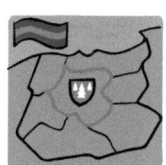

jimbo

laamu

uso wa saa

yeeso waktu

akrabu ya saa

jungo waktu

akrabu ya dakika

jungo hojoma

akrabu ya sekunde

jungo majaango

Ni saa ngapi?

hol waktu?

siku

ñalawma

wakati

saha

sasa

jooni

saa ya dijitali

mantoor nattoowo

dakika

hojoma

saa

waktu

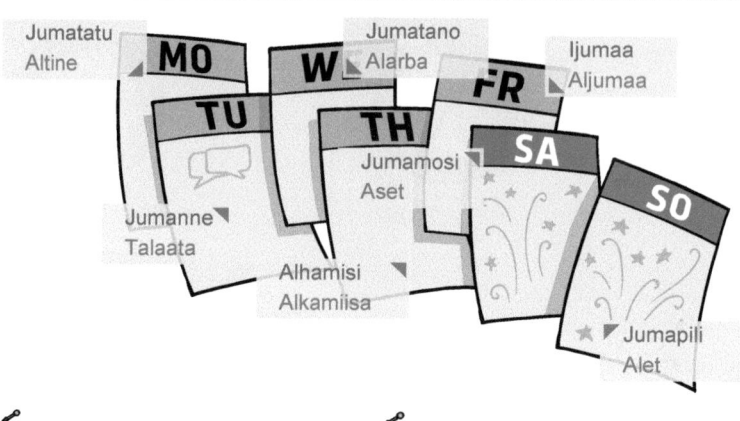

jana
....
hanki

leo
....
hande

kesho
....
jango

asubuhi
....
subaka

saa sita mchana
....
ñalawma

jioni
....
kikiiɗe

siku za biashara
....
biir

mwishoni mwa wiki
....
ñalɗi

mwaka
hitaande

mvua
tobo
upinde wa mvua
timtimol
theluji
nees
upepo
hendu
majira ya machipuko
demminaare
vuli
ndunngu
kiangazi
ceeɗu
majira ya baridi
dabbunde

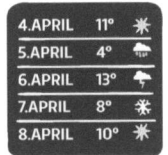

4.APRIL 11°
5.APRIL 4°
6.APRIL 13°
7.APRIL 8°
8.APRIL 10°

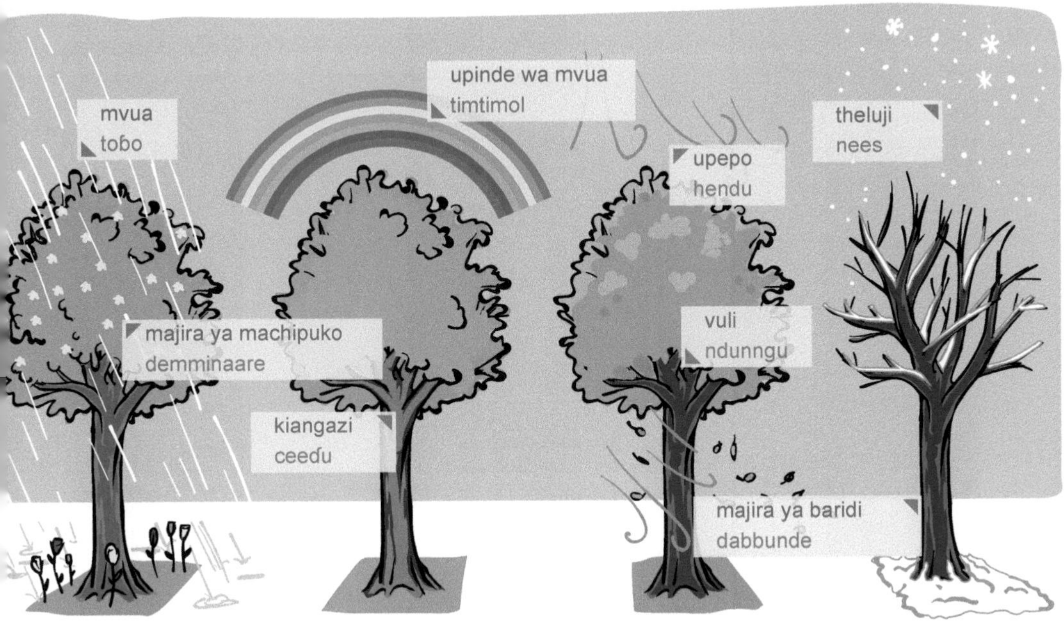

utabiri wa hali ya hewa

kabaaru weeyo

F C
120 40
90 30
60 20
30 10
0 0
-30 -10
-20

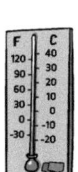

kipimajoto

termomeeter

mwanga wa jua

naaŋini

wingu

ruulde

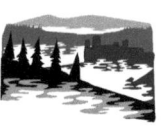

ukungu

cuurki

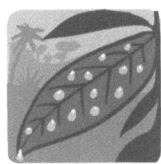

unyevu

uddeende

umeme

majje

radi

gidaango

dhoruba

hendu

mvua ya mawe

huɗɗni

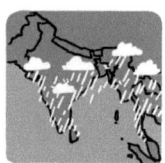

monsuni

ruulɗini

mafuriko

waame

barafu

nees

Januari

Siilo

Februari

Colte

Machi

Mbooy

Aprili

Seeɗto

Mei

Duuyal

Juni

Korse

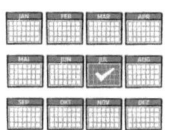

Julai

Morse

Agosti

Juko

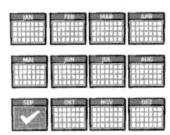

Septemba
....
Siilto

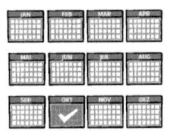

Oktoba
....
Yarkoma

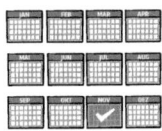

Novemba
....
Jolal

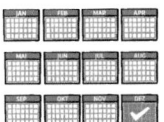

Desemba
....
Bowte

maumbo
balli

mduara
....
taarto

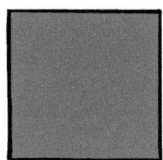

mraba
....
yaajeendi

mstatili
....
yaajo

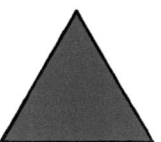

pembetatu
....
saraandi

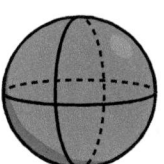

nyanja
....
mbiifu

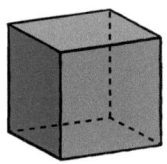

mchemraba
....
kiibb

nyeupe
daneejo

manjano
oolo

chungwa
oraas

rangi ya waridi
roos

nyekundu
boɗeejo

hudhurungi
mboongu

bluu
bulaajo

kijani
werte

hanja
cooyo

jivujivu
puro

nyeusi
baleejo

mengi / kidogo

heewi / seeɗa

hasira / pole

seki / deeyi

nzuri / mbaya

yooɗi / soofi

mwanzo / mwisho

fuuɗorde / gasirde

kubwa / ndogo

mawɗo / tokooso

angavu / giza

leeri / niɓɓiɗi

kaka / dada

maniraaɗo / miñiraaɗo

safi / chafu

laaɓi / tunwi

kamilika / tokamilika

timmi / manki

siku / usiku

ñalawma / jamma

wafu / hai

maayi / wuuri

pana / nyembamba

yaaji / faaɗi

kulika / kutolika

nano / nanotaako

ovu / ema

boni / moÿÿi

sisimkwa / udhika

softi / yoomi

nene / nyembamba

ɓuttiɗi / sewi

kwanza / mwisho

adi / wattindi

rafiki / adui

sehil / gaño

jaa / tupu

heewi / ɓolɗi

ngumu / laini

muusi / weeɓi

nzito / nyepesi

teddi / hoyi

njaa / kiu

heege / ɗomka

mgonjwa / mwenye afya

faawŋi / selli

haramu / kisheria

wona laawol / laawol

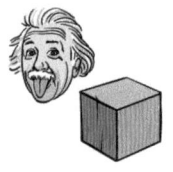

akili / kijinga

feerti / muddiɗi

kushoto / kulia

nano / ñaamo

karibu / mbali

ɓatti / woɗɗi

mpya / kutumika

keso / kiiɗɗo

kitu / jambo

ndiga / huunde

zee / changa

nayeejo / suka

waka / zima

huɓɓi / ñifii

wazi / fungwa

uditi / uddii

utulivu / kelele

deeÿi / dille

tajiri / masikini

alɗi / waasi

sahihi / kosa

goonga / fenaande

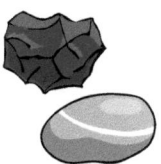

mbaya / laini

tiiɗi / nooyi

huzunika / furahia

metti / weli

fupi /ndefu

raɓɓiɗi / juuti

polepole / haraka

leeli / yaawi

nyevu / kavu

leppi / yoori

joto / baridi

wuli / ɓuuɓi

vita / amani

hare / jam

0	**1**	**2**
sufuri	moja	mbili
ndiga	gooto	ɗiɗi

3	**4**	**5**
tatu	nne	tano
tati	nay	joy

6	**7**	**8**
sita	saba	nane
jeegom	jeeɗiɗi	jeetati

9	**10**	**11**
tisa	kumi	kumi na moja
jeenay	sappo	sappoy goo

12

kumi na mbili

sappoy ɗiɗi

13

kumi na tatu

sappoy tati

14

kumi na nne

sappoy nay

15

kumi na tano

sappoy joy

16

kumi na sita

sappoy jeegom

17

kumi na saba

sappoy jeeɗiɗi

18

kumi na nane

sappoy jeetati

19

kumi na tisa

sappoy jeenay

20

ishirini

noogaas

100

mia

teemedere

1.000

elfu

ujunere

1.000.000

milioni

miliyooŋ

Kiingereza

Aŋale

Kiingereza cha Marekani

Aŋale Amarik

Kimandarini cha Uchina

Mandare Siinaaɓe

Kihindi

Hindi

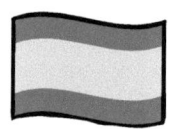

Kihispania

Españool

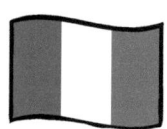

Kifaransa

Farayse

Kiarabu

Arab

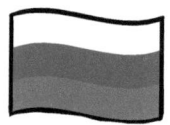

Kirusi

Riis

Kireno

Portigees

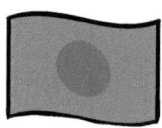

Kibengali

Bengali

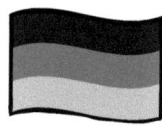

Kijerumani

Almaa

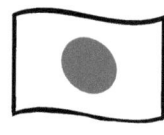

Kijapani

Sapponee

mimi

miin

wewe

an

yeye / yeye / ni

kanko / kanko / kanum

sisi

minen

wewe

onon

wao

kamɓe

nani?

holoon?

nini?

holɗuum?

jinsi gani?

holnoon?

wapi?

holtoon?

lini?

mande?

jina

inde

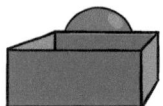

nyuma

caggal

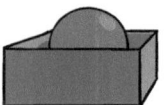

katika

nder

mbele ya

sawndo

juu ya

dow

kwenye

e

chini ya

les

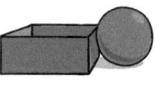

kando

sara

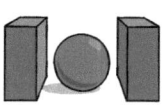

kati

hakkunde

mahali

nokku